DR. OETKER
KÜCHENBIBLIOTHEK

AUFLÄUFE

MOEWIG

Die Rezepte sind – wenn nicht anders angegeben – für 4 Personen berechnet.

Die Rezepte in diesem Buch sind mit aller Sorgfalt zusammengestellt und überprüft worden; dennoch kann eine Garantie nicht übernommen werden. Eine Haftung des Verlags und seiner Beauftragten für Personen-, Sach- und Vermögensschäden ist ausgeschlossen.

VPM Verlagsunion Pabel Moewig KG, Rastatt

ISBN 3-8118-4766-X

Inhalt

Aufläufe mit Kartoffeln

Apfel-Kartoffel-Auflauf

- 2 Frühlingszwiebeln
- 20 g Butter
- 750 g Kartoffeln
- 200 g große Champignons
- 3 Äpfel (Golden Delicious)
- Salz
- frisch gemahlener Pfeffer
- geriebene Muskatnuß
- 250 ml (1/4 l) Schlagsahne
- 75 g grob geriebener Käse
- 2 Eigelbe

1. Die Frühlingszwiebeln putzen, waschen, in dünne Ringe schneiden und in der Butter glasig dünsten.

2. Die Kartoffeln schälen, waschen, in Scheiben schneiden. Auf einer dicken Lage Haushaltspapier ausbreiten und trockentupfen.

3. Champignons putzen, mit Küchenpapier abreiben, evtl. abspülen, in Scheiben schneiden.

4. Die Äpfel schälen, vierteln und entkernen, dann längs in dünne Scheiben schneiden.

5. Ein Drittel der Kartoffeln in eine ovale, gefettete Gratinform geben und mit der Hälfte der Apfelscheiben darauf verteilen. Alles mit Salz, Pfeffer und Muskat würzen und mit Sahne begießen.

6. Nun das zweite Drittel Kartoffeln, Frühlingszwiebeln, Champignons und die restlichen Apfelscheiben einschichten, würzen und etwas Sahne darüberträufeln.

7. Mit dem letzten Drittel Kartoffeln bedecken, würzen und mit Käse bestreuen. Die restliche Sahne mit dem Eigelb verschlagen. Die Eigelb-Sahne-Mischung über den Auflauf verteilen.

8. Das Gratin in den kalten Backofen schieben.

Ober-/Unterhitze: etwa 200 °C
Heißluft: 160–170 °C
Gas: etwa Stufe 3
Backzeit: 40–50 Minuten.

9. In der Form servieren.

Tip: Das Gratin schmeckt als Beilage zu kurzgebratenem Fleisch, Hähnchen oder pochierten Fischfilets.

Kartoffelgratin mit Blattspinat

- **750 g Pellkartoffeln**
- **50 g Butter**
- **750 g Blattspinat**
- **50 g durchwachsener Speck**
- **1–2 Zwiebeln**
- **50 g Butter oder Margarine**
- **Salz**
- **frisch gemahlener Pfeffer**
- **geriebene Muskatnuß**
- **125 ml (1/8 l) Fleisch- oder Hühnerbrühe**
- **75 g geriebener Käse**

1. Kartoffeln heiß pellen, erkalten lassen und in etwa 1/2 cm dicke Scheiben schneiden. Butter zerlassen, Kartoffelscheiben hineingeben und kurz durchschwenken.

2. Blattspinat sorgfältig verlesen, gründlich waschen und gut abtropfen lassen. Speck in kleine Würfel schneiden und auslassen. Zwiebeln abziehen, fein würfeln, zu dem Speck geben und andünsten lassen. Butter hinzufügen, Spinat hinzufügen und zusammenfallen lassen, mit Salz, Pfeffer und Muskatnuß würzen.

3. Abwechselnd die Kartoffeln und den Spinat in eine gefettete Gratinform schichten und Fleisch- oder Hühnerbrühe darübergießen. Die restliche Butter zerlassen, den Auflauf damit beträufeln und mit dem Käse bestreuen. Die Form auf dem Rost in den Backofen schieben.

Ober-/Unterhitze: 200–220 °C (vorgeheizt)
Heißluft: 180–200 °C (nicht vorgeheizt)
Gas: Stufe 3–4 (vorgeheizt)
Backzeit: etwa 25 Minuten.

Tip: Anstatt mit Blattspinat können Sie diesen Auflauf auch mit der gleichen Menge Mangold zubereiten. Wer keinen Speck mag, kann dafür etwa 100 g Schafskäse zerbröckeln und auf dem Spinat verteilen. Dazu paßt ein gemischter Blattsalat.

Kartoffelauflauf mit Bacon

750 g mehligkochende Kartoffeln
1 Bund Frühlingszwiebeln
150 g Bacon (Frühstücksspeck)
Salz
frisch gemahlener Pfeffer
125 ml (1/8 l) heiße Gemüsebrühe
40 g Semmelbrösel
30 g Butterflöckchen

1. Kartoffeln waschen, schälen, waschen, in Scheiben schneiden. Frühlingszwiebeln putzen, waschen, in feine Scheiben schneiden.

2. Eine Römertopf-Kastenform wässern, mit Bacon auslegen. Kartoffeln und Frühlingszwiebelscheiben abwechselnd einschichten, jeweils mit Salz und Pfeffer bestreuen. Die letzte Schicht soll aus Kartoffeln bestehen.

3. Brühe darübergeben, Semmelbrösel darüberstreuen, Butterflöckchen darauf setzen, den Römertopf auf dem Rost in den kalten Backofen schieben.

Ober-/Unterhitze: etwa 200 °C
Heißluft: etwa 180 °C
Gas: etwa Stufe 4
Backzeit: etwa 50 Minuten.

Tomatenauflauf mit Kartoffeln

200 g Kartoffelwürfel
400 g Cocktailtomaten
2 EL Zwiebelwürfel
4 EL kleine Salamiwürfel
2 EL gehackte Basilikumblätter
200 ml Schlagsahne
4 Eier
2 EL Tomatenketchup
Salz
grober, bunter Pfeffer
60 g geriebener Gouda

1. Kartoffelwürfel in kochendem Salzwasser etwa 5 Minuten blanchieren, auf ein Sieb geben und abtropfen lassen.

2. Tomaten abspülen, evtl. halbieren, Stengelansätze entfernen und Tomaten mit Kartoffel-, Zwiebel- und Salamiwürfeln sowie Basilikum mischen und in eine gefettete Auflaufform füllen.

3. Sahne mit Eiern und Ketchup verquirlen, salzen, pfeffern und über die Zutaten in die Auflaufform gießen, mit Käse bestreuen. Die Form auf dem Rost in den Backofen schieben.

Ober-/Unterhitze: etwa 200 °C (vorgeheizt)
Heißluft: etwa 180 °C (nicht vorgeheizt)
Gas: etwa Stufe 4 (vorgeheizt)
Garzeit: etwa 40 Minuten.

Aufläufe mit Nudeln

Quark-Nudel-Auflauf (Foto)

200 g Spaghetti	
1 EL Speiseöl	
2 l kochendes Salzwasser	
250 g Magerquark	
1 Becher (150 g) Crème fraîche	
3 Eier	
1 TL Kümmelpulver	
2 EL feingeschnittener Schnittlauch	
Salz, Pfeffer	
2 geräucherte Mettwürstchen	
50 g durchwachsener Speck	

1. Spaghetti mit Öl in Salzwasser geben, nach Packungsaufschrift kochen. Spaghetti auf ein Sieb geben, mit kaltem Wasser übergießen und abtropfen lassen.

2. Quark mit Crème fraîche, Eiern, Kümmel und Schnittlauch verrühren, mit Salz und Pfeffer würzen.

3. Mettwürstchen waschen, abtrocknen, in Scheiben schneiden, mit den Spaghetti unter den Quark heben und in eine gefettete, feuerfeste Form füllen.

4. Speck in dünne Scheiben schneiden, auf die Quark-Spaghetti-Masse geben und die Form auf dem Rost in den Backofen schieben.

Ober-/Unterhitze: 200–220 °C (vorgeheizt)
Heißluft: 180–200 °C (nicht vorgeheizt)
Gas: Stufe 4–5 (vorgeheizt)
Backzeit: etwa 45 Minuten.

Süße Aufläufe

Kirsch-Quark-Auflauf

2 EL Butter
3 Eigelbe
1 Vanilleschote
50 g Grieß
500 g Magerquark
Schale und Saft von 1 Zitrone (unbehandelt)
80 g Zucker
500 g Sauerkirschen
3 Eiweiße

20 g abgezogene, gehobelte Mandeln (evtl. hacken)

1. Butter geschmeidig rühren, Eigelb nach und nach unterrühren. Vanilleschote aufschneiden, das Mark herauskratzen, zusammen mit Grieß, Quark, Zitronenschale und -saft und Zucker unter die Fett-Eigelb-Masse rühren.

2. Kirschen waschen, entstielen, entsteinen und unter die Quarkmasse rühren. Eiweiß steif schlagen und vorsichtig unterziehen. Die Masse in eine gefettete Auflaufform füllen, mit Mandeln bestreuen und auf dem Rost in den kalten Backofen schieben.

Ober-/Unterhitze: etwa 180 °C
Heißluft: etwa 160 °C
Gas: Stufe 2–3
Backzeit: etwa 40 Minuten.

Schokoladenauflauf (Foto Seite 84/85)

70 g Halbbitterschokolade
125 ml (1/8 l) Milch
40 g Butter
80 g Zucker
4 Eigelb
20 g Speisestärke
4 Eiweiß

1. Schokolade grob raspeln, mit der Milch erwärmen, bis sich die Schokolade gelöst hat, und abkühlen lassen.

2. Butter schaumig rühren, Zucker unterrühren. Nach und nach Eigelb und Speisestärke unterrühren. Schokoladenmilch hinzufügen und mit einem Schneebesen durchschlagen. Eiweiß steif schlagen und unter die Schokoladenmasse ziehen.

3. Schokoladenmasse in eine gefettete Auflaufform füllen, in eine große 2 cm hoch mit Wasser gefüllte Auflaufform stellen und auf dem Rost in den Backofen schieben.

Ober-/Unterhitze: etwa 200 °C (vorgeheizt)
Heißluft: etwa 180 °C (nicht vorgeheizt)
Gas: etwa Stufe 3 (vorgeheizt)
Backzeit: etwa 40 Minuten.

Ungarischer Frühlingszwiebelauflauf

(Foto)

1 Bund Frühlingszwiebeln
250 g gekochte Kartoffeln
je 1/2 große rote, gelbe und grüne Paprika
200 g ungarische Salami
1 Bund glatte Petersilie
2 Eier
150 g saure Sahne
200 ml Schlagsahne
Paprika edelsüß
Salz
frisch gemahlener Pfeffer
etwas Tabasco
100 g Schafskäse
30 g Butterflöckchen

1. Frühlingszwiebeln putzen, waschen und in feine Ringe schneiden. Kartoffeln in Würfel schneiden. Paprika halbieren, entstielen, entkernen, die weißen Scheidewände entfernen, Schoten waschen und in Streifen schneiden.

2. Salami in kleine Würfel schneiden. Petersilie abspülen, die Blättchen von den Stengeln zupfen und in Streifen schneiden.
Das Gemüse mit den Kartoffel- und Salamiwürfeln mischen und in eine gefettete Auflaufform geben.

3. Eier mit saurer Sahne und Schlagsahne verquirlen und mit Paprika, Salz, Pfeffer und Tabasco würzen. Eiersahne über den Auflauf gießen. Schafskäse zerbröckeln, darüberstreuen und mit Butterflöckchen belegen. Die Form auf dem Rost in den Backofen schieben.

Ober-/Unterhitze: 180–200 °C (vorgeheizt)
Heißluft: 160–180 °C (nicht vorgeheizt)
Gas: Stufe 3–4 (vorgeheizt)
Garzeit: etwa 30 Minuten.

Makkaroniauflauf

250 g Makkaroni
Salzwasser
200 g gekochter Schinken
60 g Gouda
2 Eier
250 ml (1/4 l) Milch oder Schlagsahne
Salz, geriebene Muskatnuß
frisch gemahlener Pfeffer
2 EL Semmelbrösel
25 g Butterflöckchen

Tip: Anstelle des Schinkens halbgar gedünstete Pilze oder rohe Tomatenscheiben einschichten.

1. Makkaroni in fingerlange Stücke brechen, in kochendes Salzwasser geben, 8–10 Minuten kochen lassen. Die Nudeln auf einem Sieb abtropfen lassen.

2. Schinken in kleine Würfel schneiden. Käse reiben. Makkaroni, Schinken und Käse abwechselnd lagenweise in eine gefettete Auflaufform füllen, die oberste Schicht soll aus Makkaroni bestehen.

3. Eier mit Milch oder Sahne, Salz, Muskat und Pfeffer verschlagen und über die Makkaroni gießen. Den Auflauf mit Semmelbröseln bestreuen, Butterflöckchen darauf setzen und die Auflaufform auf dem Rost in den Backofen schieben.

Ober-/Unterhitze: etwa 200 °C (vorgeheizt)
Heißluft: etwa 180 °C (nicht vorgeheizt)
Gas: Stufe 4–5 (vorgeheizt)
Garzeit: etwa 30 Minuten.

Cannelloni

Für die Füllung:
1 Brötchen
250 g Gehacktes (halb Rind-, halb Schweinefleisch)
Salz, Pfeffer
Oregano, Thymian
etwa 250 g Cannelloni

Für die Sauce:
300 g Crème fraîche
125 ml Milch oder Sahne
Speisewürze
gehackte Basilikumblättchen
50 g geriebener Parmesan
Butter

1. Für die Füllung Brötchen in kaltem Wasser einweichen, gut ausdrücken, mit Gehacktem vermengen und die Masse mit Salz, Pfeffer, Oregano, Thymian würzen. Cannelloni damit füllen, danach nebeneinander in eine gefettete Auflaufform legen.

2. Für die Sauce Crème fraîche mit Milch oder Sahne verrühren, mit Salz, Pfeffer, Speisewürze, Basilikumblättchen abschmecken, über die Cannelloni gießen (sie müssen ganz mit der Sauce bedeckt sein).

3. Mit Parmesan bestreuen, Butter in Flöckchen darauf setzen und die Pfanne auf dem Rost in den Backofen schieben.

Ober-/Unterhitze: 175–200 °C (vorgeheizt)
Heißluft: 150–180 °C (nicht vorgeheizt)
Gas: Stufe 3–4 (vorgeheizt)
Backzeit: etwa 30 Minuten.

Pikanter Nudelauflauf

250 g Röhren- oder Bandnudeln
2 1/2 l kochendes Salzwasser
1 EL Speiseöl
200 g Gouda
100 g Salami oder magerer Schinkenspeck
3 Tomaten
3 Eier
125 ml (1/8 l) Schlagsahne
Salz
frisch gemahlener Pfeffer
geriebene Muskatnuß
2 EL feingehackte Petersilie

1. Nudeln in kochendes Salzwasser geben, Öl hinzufügen, Nudeln nach Packungsaufschrift garen, Nudeln auf ein Sieb geben, abtropfen lassen.

2. Gouda und Salami oder Schinkenspeck in kleine Würfel schneiden. Tomaten kurze Zeit in kochendes Wasser legen (nicht kochen lassen), in kaltem Wasser abschrecken, enthäuten, Stengelansätze herausschneiden, Tomaten halbieren, Kerne entfernen, Fruchtfleisch in mundgerechte Stücke schneiden.

3. Tomaten zusammen mit Nudeln, Käse und Schinken in eine gefettete Auflaufform schichten.

4. Eier mit Sahne verquirlen, mit Salz, Pfeffer und Muskat würzen, die Mischung über die Nudeln gießen, mit einem Deckel abdecken, Form auf dem Rost in den Backofen schieben.

Ober-/Unterhitze: etwa 200 °C (vorgeheizt)
Heißluft: etwa 180 °C (nicht vorgeheizt)
Gas: etwa Stufe 4 (vorgeheizt)
Backzeit: 30–40 Minuten.

5. Den Auflauf etwa 15 Minuten vor Beendigung der Garzeit ohne Deckel garen, damit er Farbe annimmt.

6. Vor dem Servieren mit Petersilie bestreuen.

Tip: Statt Salami oder Schinkenspeck können auch Reste von Schweinebraten oder Schinken verwendet werden. Der Auflauf schmeckt dann allerdings nicht so pikant.

Auberginenauflauf

- 2 Auberginen (500 g)
- 8 EL Olivenöl
- Salz
- frisch gemahlener Pfeffer
- 100 g Makkaroni
- 300 g grobes Bratwurstbrät
- 2 enthäutete Fleischtomaten (400 g)
- gerebelter Oregano
- 1 Pck. Tomatensauce (500 g)
- 125 g Mozzarella
- 40 g Butter
- 1 EL frisches Basilikum

1. Auberginen putzen, waschen, in Scheiben schneiden.

2. Etwas von dem Olivenöl erhitzen, die Auberginenscheiben portionsweise darin anbraten, auf Küchenpapier zum Abtropfen legen, mit Salz und Pfeffer bestreuen.

3. Makkaroni nach Anleitung der Packung in Salzwasser gar kochen, auf ein Sieb zum Abtropfen geben.

4. Bratwurstbrät in einer Pfanne andünsten, dabei mit einer Gabel etwas zerdrücken.

5. Tomaten in Scheiben schneiden.

6. Eine Lage Auberginenscheiben in eine gefettete Auflaufform legen, darauf die Makkaroni, die Tomatenscheiben und das Bratwurstbrät legen. Mit dem Rest der Auberginenscheiben belegen.

7. Die Tomatensauce darauf verteilen, mit den Gewürzen bestreuen.

8. Mozzarella in Scheiben schneiden, darauf verteilen, mit Butterflöckchen belegen, in den Backofen schieben.

Ober-/Unterhitze: 180–200 °C (vorgeheizt)
Heißluft: 160–180 °C (nicht vorgeheizt)
Gas: Stufe 3–4 (vorgeheizt)
Backzeit: etwa 35 Minuten.

9. Mit frischem Basilikum bestreuen.

Landfrauenauflauf mit Frühlingsquark

je 200 gelbe und grüne Bandnudeln
1 1/2 l kochendes Salzwasser
750 g Fleischtomaten
250 g gekochter Schinken
3 Eier
200 ml Schlagsahne
Salz
frisch gemahlener Pfeffer
1 Bund Schnittlauch
1/2 Bund glatte Petersilie
400 g Frühlingsquark

1. Bandnudeln nach Packungsaufschrift kochen.

2. Tomaten enthäuten, die Stengelansätze herausschneiden. Tomaten in Scheiben schneiden.

3. Schinken in Würfel schneiden. Eier mit Sahne verschlagen, mit Salz und Pfeffer würzen. Schnittlauch und Petersilie abspülen, trockentupfen, fein schneiden.

4. Eine flache, feuerfeste Form ausfetten, eine Schicht Tomatenscheiben heineingeben, mit Salz, Pfeffer, Schnittlauch und Petersilie bestreuen und die Hälfte der Schinkenwürfel darübergeben. Nudeln und die restlichen Tomatenscheiben mit den Schinkenwürfeln einschichten, Kräuter darüberstreuen und die Eier-Sahne-Masse darüber verteilen.

5. Die Form auf dem Rost in den Backofen schieben.

Ober-/Unterhitze: etwa 200 °C (vorgeheizt)
Heißluft: etwa 180 °C (nicht vorgeheizt)
Gas: etwa Stufe 3 (vorgeheizt)
Backzeit: 40 Minuten.

6. Quark verrühren und etwa 10 Minuten vor Beendigung der Backzeit über den Auflauf geben.

Aufläufe mit Fleisch

Austernpilzauflauf mit Currysauce (Foto)

500 g Austernpilze
2 EL Butter
250 g Hackfleisch (halb Rind-, halb Schweinefleisch)
5 EL Fleischbrühe
Salz, weißer Pfeffer

Für die Currysauce:

20 g Butter
20 g Weizenmehl
250 ml (1/4 l) Milch oder Schlagsahne
1 TL Currypulver
2 Eigelbe
2 EL Schlagsahne
Butter zum Fetten der Form
2 EL geriebener Parmesan

1. Austernpilze putzen, mit Küchenpapier abreiben, evtl. abspülen, in dünne Scheiben schneiden.

2. Butter zerlassen, Hackfleisch hinzufügen, unter ständigem Rühren anbraten, dabei die Fleischklümpchen etwas zerdrücken. Pilze und Fleischbrühe hinzufügen, 5–10 Minuten dünsten lassen. Die Hackfleisch-Pilz-Masse mit Salz und Pfeffer würzen.

3. Für die Sauce Butter in einem Topf zerlassen. Mehl darüberstäuben, unter Rühren hellgelb andünsten. Milch oder Sahne hinzugießen, mit einem Schneebesen gut durchschlagen, damit sich keine Klümpchen bilden. Die Sauce zum Kochen bringen, etwa 5 Minuten bei geringer Hitze köcheln lassen.

4. Mit Salz und Currypulver würzen. Eigelbe und Sahne verquirlen, die Sauce damit legieren (nicht mehr kochen lassen!).

5. Eine Auflaufform fetten, die Pilzmasse hineingeben, mit der Sauce übergießen. Den Käse darüberstreuen.

6. Die Form auf dem Rost in den kalten Backofen schieben.

Ober-/Unterhitze: etwa 200 °C
Heißluft: etwa 160 °C
Gas: Stufe 3–4
Backzeit: 20–25 Minuten.

Tip: Salzkartoffeln oder Bauernbrot dazu reichen.

Reis-Hack-Auflauf

- 400 g Reis
- 4 mittelgroße Zwiebeln
- 30 g Butter
- 600 g Rinderhack
- Salz
- 150 g geriebener Hartkäse
- 250 ml (1/4 l) Milch
- 2 Eier
- Saft von 1 Zitrone

Tip: Salat dazu reichen.

1. Reis in Salzwasser nach Packungsaufschrift garen, auf einem Sieb abtropfen lassen.

2. Zwiebeln abziehen, fein würfeln und in der Butter andünsten.

3. Fleisch zugeben und unter ständigem Rühren anbraten. Mit dem Reis vermischen, salzen und in eine gefettete Auflaufform füllen. Den Käse gleichmäßig untermengen.

4. Milch aufkochen, vom Herd nehmen, leicht abkühlen lassen und langsam unter die verquirlten Eier rühren. Zitronensaft zugeben, mit Salz würzen und über die Auflaufmasse gießen. Die Form auf dem Rost in den Backofen schieben.

Ober-/Unterhitze: etwa 200 °C (vorgeheizt)
Heißluft: etwa 180 °C (nicht vorgeheizt)
Gas: Stufe 3–4 (vorgeheizt)
Backzeit: etwa 20 Minuten.

Badischer Nudeltraum

2 EL Speiseöl
400 g Rinderhackfleisch
2 Zwiebeln
Salz
frisch gemahlener Pfeffer
2,5 l Salzwasser
250 g Bandnudeln
1 EL Speiseöl
250 g Brokkoli
250 ml (1/4 l) Hühnerbrühe
3 Tomaten
2–3 EL geriebener, mittelalter Gouda
40 g Butter

1. Speiseöl erhitzen, Rinderhackfleisch hinzufügen, unter ständigem Rühren darin anbraten, dabei die Fleischklümpchen mit einer Gabel zerdrücken.

2. Zwiebeln abziehen, fein würfeln, zum Fleisch geben, 2–3 Minuten mitbraten, würzen.

3. Salzwasser zum Kochen bringen, Bandnudeln hineingeben, Speiseöl hinzufügen, die Nudeln nach der Anleitung garen. Sobald die Nudeln gar sind, die Nudeln auf ein Sieb geben, abtropfen lassen.

4. Vom Brokkoli die Blätter und dicken Stiele entfernen, den Brokkoli waschen, abtropfen lassen, in Röschen teilen, die Röschen halbieren. Hühnerbrühe zum Kochen bringen, den Brokkoli 5 Minuten darin garen, auf ein Sieb geben, abtropfen lassen, die Brühe auffangen.

5. Tomaten kurze Zeit in kochendes Wasser legen (nicht kochen lassen), in kaltem Wasser abschrecken, enthäuten, die Stengelansätze herausschneiden und in Scheiben schneiden.

6. Fleisch und 2/3 der Nudeln in eine gefettete Auflaufform füllen, darauf Brokkoliröschen und Tomatenscheiben geben, mit Salz, Pfeffer würzen, Brühe dazugießen, die restlichen Nudeln darauf geben. Den Auflauf mit Gouda und Butterflocken bestreuen, die Form in den Backofen schieben.

Ober-/Unterhitze: etwa 200 °C (vorgeheizt)
Heißluft: etwa 180 °C (nicht vorgeheizt)
Gas: Stufe 3–4 (vorgeheizt)
Backzeit: etwa 25 Minuten.

Badische
Hausgemachte

Hügelgratin (Foto)

1 kg Rosenkohl	
1 kg kleine festkochende Kartoffeln	
50 g Butter	
1 Zwiebel	
500 g Rinderhackfleisch	
200 g Magerquark	
1 Ei	
1 Knoblauchzehe	
Salz	
geriebene Muskatnuß	
frisch gemahlener Pfeffer	
1 EL Currypulver	
300 g Crème fraîche	
125 ml (1/8 l) Milch	
Butter oder Margarine	

1. Rosenkohl von den schlechten äußeren Blättern befreien, etwas vom Strunk abschneiden, die Rosenkohlröschen am Strunk kreuzförmig einschneiden, waschen, abtropfen lassen.

2. Kartoffeln waschen, schälen, evtl. etwas kleiner schneiden, so daß sie die Größe der Rosenkohlröschen haben.

3. Butter in einer großen Pfanne zerlassen. Rosenkohl und Kartoffeln darin unter häufigem Wenden etwa 15 Minuten dünsten, mit Salz, Pfeffer, etwas Muskat bestreuen.

4. Zwiebel schälen und fein würfeln. Aus Hackfleisch, Magerquark, Ei und Zwiebelwürfeln einen Teig kneten. Knoblauch schälen und fein hacken. Die Hälfte davon unter das Fleisch mengen.

5. Die Fleischmasse mit Salz und Pfeffer kräftig abschmecken. Bällchen von der Größe des Rosenkohls formen. Restlichen Knoblauch unter die Crème fraîche ziehen und mit der Milch verrühren.

6. In eine gefettete, flache Auflaufform Kartoffeln, Rosenkohl und Fleischklößchen dicht an dicht in buntem Wechsel setzen und mit der Crème-fraîche-Milch begießen. Die Form in den Backofen schieben.

Ober-/Unterhitze: etwa 200 °C (vorgeheizt)
Heißluft: etwa 180 °C (nicht vorgeheizt)
Gas: etwa Stufe 4 (vorgeheizt)
Backzeit: 50–60 Minuten.

Rouladengratin

- 6 Scheiben Frühstücksspeck
- 2–3 Rinderrouladen, gegart
- 150 g Speisequark
- 2 EL Kräuterfrischkäse
- 3 Eigelbe
- Salz
- frisch gemahlener Pfeffer
- 3 Eiweiße

1. Eine flache Auflaufform mit Frühstücksspeck auslegen. Rouladen in dünne Scheiben schneiden und auf den Speck geben.

2. Quark mit Frischkäse, Eigelb, Salz und Pfeffer cremig rühren. Eiweiß steif schlagen, unter die Quarkmasse ziehen, auf die Rouladen streichen und die Form auf dem Rost in den Backofen schieben.

Ober-/Unterhitze: etwa 220 °C (vorgeheizt)
Heißluft: etwa 200 °C (nicht vorgeheizt)
Gas: Stufe 4–5 (vorgeheizt)
Backzeit: etwa 25 Minuten.

Beigabe: Butter-Nudeln, Grüner Salat.

Nudelauflauf

250 g Bandnudeln	
1 1/2 l Salzwasser	
2 mittelgroße Zwiebeln	
1 Knoblauchzehe	
20 g Butter	
500 g Gehacktes (halb Rind-, halb Schweinefleisch)	
Salz	
frisch gemahlener Pfeffer	
Paprika edelsüß	
gerebelter Thymian	
500 g Tomaten	

100 g geriebener Gouda	
20 g Butter	

1. Nudeln in kochendes Salzwasser geben, zum Kochen bringen, ab und zu umrühren und in etwa 8 Minuten gar kochen lassen. Die garen Nudeln auf ein Sieb geben und abtropfen lassen.

2. Zwiebeln und Knoblauchzehe abziehen und würfeln. Butter zerlassen, Zwiebel- und Knoblauchwürfel darin glasig dünsten lassen, Hackfleisch hinzufügen, unter ständigem Rühren darin anbraten und dabei die Fleischklümpchen mit einer Gabel etwas zerdrücken. Das Hackfleisch mit Salz, Pfeffer, Paprika und Thymian würzen.

3. Tomaten enthäuten, halbieren, die Stengelansätze herausschneiden, Tomaten in Stücke schneiden, zum Hackfleisch geben. Mit Salz, Pfeffer und Paprika würzen.

4. Zwei Drittel der Nudeln in eine gefettete Auflaufform füllen, die Hackfleischmasse darauf geben, mit den restlichen Nudeln bedecken, Käse darüberstreuen, Butter in Flöckchen darauf setzen und die Form auf dem Rost in den Backofen schieben.

Ober-/Unterhitze: 180–200 °C (vorgeheizt)
Heißluft: 160–180 °C (nicht vorgeheizt)
Gas: Stufe 3–4 (vorgeheizt)
Backzeit: etwa 25 Minuten.

Krautauflauf

500 g Sauerkraut
50 g Pflanzenfett
125 ml (1/8 l) Wasser
2 Lorbeerblätter
1 TL Kümmelsamen
Salz
frisch gemahlener Pfeffer
1 Prise Zucker
125 g Langkornreis
1 Zwiebel
1 Knoblauchzehe
400 g Gehacktes (halb Rind-, halb Schweinefleisch)
2 EL Tomatenmark
300 g saure Sahne
2 EL Semmelbrösel

20 g Butter
2 EL feingeschnittener Schnittlauch

1. Sauerkraut lockerzupfen und in 30 g des Pflanzenfettes andünsten. Wasser, Lorbeerblätter, Kümmel, Salz, Pfeffer und Zucker hinzufügen und 20 Minuten garen.

2. Reis nach Packungsaufschrift in Salzwasser garen.

3. Zwiebel und Knoblauch abziehen, in feine Würfel schneiden und in dem restlichen Pflanzenfett andünsten.

4. Gehacktes dazugeben und unter ständigem Rühren anbraten, dabei die Fleischklümpchen zerdrücken. Die Hälfte des Tomatenmarks hinzufügen, mit Salz und Pfeffer würzen.

5. Abwechselnd Sauerkraut (mit Flüssigkeit), Reis und Gehacktes lagenweise in eine gefettete Auflaufform schichten. Die oberste Schicht sollte Sauerkraut sein.

6. Saure Sahne mit restlichem Tomatenmark verrühren und auf dem Auflauf verstreichen. Semmelbrösel und Butter darauf verteilen und Auflauf auf dem Rost in den Backofen schieben. Evtl. Auflauf die letzten 10 Minuten mit Alufolie abdecken.

Ober-/Unterhitze: etwa 200 °C (vorgeheizt)
Heißluft: etwa 180 °C (nicht vorgeheizt)
Gas: Stufe 3–4 (nicht vorgeheizt)
Garzeit: etwa 35 Minuten.

7. Den fertigen Auflauf mit Schnittlauchröllchen bestreuen.

Couscousauflauf

250 g Couscousgrieß
500 ml (1/2 l) kochende Hühnerbrühe
1 kg Blattspinat
120 g Butter
Salz, Pfeffer
geriebene Muskatnuß
400 g Hähnchenfilet
1 EL Sojasauce
4 EL Tomatenmark
250 ml (1/4 l) Schlagsahne

1. Den Couscousgrieß mit der Hälfte der Brühe übergießen, etwa 10 Minuten quellen lassen.

2. Spinat verlesen, waschen, abtrocknen und in 50 g zerlassener Butter 5 Minuten dünsten und würzen, Fleisch unter fließendem kaltem Wasser abspülen, trockentupfen, würfeln.

3. 20 g Butter zerlassen, Fleisch darin anbraten. Sojasauce, Tomatenmark und Pfeffer unterrühren.

4. Mit der restlichen Brühe und der Sahne ablöschen und etwa 6 Minuten schmoren lassen, nochmals mit Salz abschmecken.

5. In eine gefettete Auflaufform die Zutaten in folgender Reihenfolge einschichten: Grieß, Spinat, Fleisch mit Sauce. So fortfahren, bis alle Zutaten eingeschichtet sind. Den Abschluß bildet eine Schicht Grieß. 50 g Butterflöckchen darübergeben. Die Form auf dem Rost in den Backofen schieben.

Ober-/Unterhitze: etwa 200 °C (vorgeheizt)
Heißluft: etwa 180 °C (nicht vorgeheizt)
Gas: etwa Stufe 3 (vorgeheizt)
Backzeit: etwa 25 Minuten.

Fränkischer Krautauflauf

1 mittelgroßer Kopf Weißkohl (etwa 1 kg)

1 Zwiebel

80 g Schweineschmalz

Salz

1 Lorbeerblatt

1 Gewürznelke

Schmalz

500 g Hackfleisch (halb Rind-, halb Schweinefleisch)

frisch gemahlener Pfeffer

etwas gemahlener Kümmel

50 g fetter Speck

2 EL saure Sahne

1. Weißkohl waschen und kurz in kochendes Wasser geben. 6–8 große Blätter ablösen, den restlichen Kohl kleinschneiden.

2. Zwiebel abziehen und fein würfeln. Schweineschmalz zerlassen, kleingeschnittenen Kohl mit Zwiebelwürfeln, Salz, Lorbeerblatt und Gewürznelke weichdünsten.

3. Eine Auflaufform mit Schmalz einfetten und mit 3–4 Kohlblättern auslegen. Den gedünsteten Kohl mit Hackfleisch gut vermischen, mit Salz, Pfeffer und Kümmel würzen.

4. Die Kohl-Fleisch-Masse auf die Kohlblätter geben und mit den restlichen Kohlblättern abdecken.

5. Speck in dünne Streifen schneiden, den Auflauf mit den Speckscheiben belegen und mit saurer Sahne bestreichen. Die Form auf dem Rost in den Backofen schieben.

Ober-/Unterhitze: 200–220 °C (vorgeheizt)
Heißluft: 180–200 °C (nicht vorgeheizt)
Gas: Stufe 4–5 (vorgeheizt)
Backzeit: 35–40 Minuten.

6. Den Auflauf zum Servieren in Scheiben schneiden.

Tip: Dazu passen Salzkartoffeln sehr gut.

Hackauflauf mit Möhren und Blumenkohl

1 kleiner Blumenkohl
250 g Möhren
500 ml (1/2 l) Salzwasser
1 Zwiebel
1 EL Butterschmalz
400 g Rindergehacktes
Salz, Pfeffer
Currypulver
gerebelter Thymian
Paprikapulver
100 g durchwachsener Speck
1 EL Speiseöl
25 g Weizenmehl
250 ml (1/4 l) Milch
2 Ecken Schmelzkäse
1/2 Bund Petersilie

1. Blumenkohl von Blättern, schlechten Stellen und Strunk befreien, Röschen abtrennen, abspülen. Möhren putzen, schälen, waschen und in dünne Scheiben schneiden.

2. Das Wasser zum Kochen bringen, Blumenkohl hineingeben und zugedeckt etwa 8 Minuten garen. Anschließend die Möhrenscheiben hinzugeben, nochmals 4 Minuten weitergaren, abgießen. 125 ml (1/8 l) des Blumenkohlwassers aufheben.

3. Zwiebel abziehen und fein würfeln. Butterschmalz in einer Pfanne zerlassen und Rindergehacktes hinzufügen. Fleischklümpchen mit einer Gabel zerdrücken, Zwiebelwürfel hinzufügen, alles anbraten, mit Salz, Pfeffer, Curry und Thymian würzen. Die Pfanne von der Kochstelle nehmen und das Hack mit Paprika abschmecken.

4. Blumenkohlröschen, Möhrenscheiben und Hackfleisch abwechselnd in eine feuerfeste, gefettete Form schichten.

5. Speck würfeln. Öl in einem Topf erhitzen, Speckwürfel darin bräunen und Mehl hinzufügen. Darauf achten, daß keine Klümpchen entstehen. Milch und Blumenkohlwasser hinzugießen, 5 Minuten kochen lassen, mit Salz und Pfeffer abschmecken.

6. Schmelzkäse in Flöckchen dazugeben, unter Rühren auflösen und aufkochen lassen. Die Käsesauce über Gemüse und Hackfleisch geben. Die Form auf dem Rost in den Backofen schieben.

Ober-/Unterhitze: etwa 200 °C (vorgeheizt)
Heißluft: etwa 180 °C (nicht vorgeheizt)
Gas: etwa Stufe 4 (nicht vorgeheizt)
Backzeit: etwa 35 Minuten.

7. Petersilie abspülen, trockentupfen, die Blättchen von den Stengeln zupfen und vor dem Servieren über das Gericht streuen.

Aufläufe mit Fisch

Lachsauflauf

500 g junger Wirsing
4 Frühlingszwiebeln
1 EL Butter
500 ml (1/2 l) Schlagsahne
3 Eier
1 Bund Dill
Salz
Pfeffer
16 Scheiben Räucherlachs
8 Cocktailtomaten
10 grüne Spargelspitzen (blanchiert)
4 EL geriebener, junger Gouda

1. Von dem Wirsing die schlechten Blätter entfernen, Wirsing halbieren, den Strunk herausschneiden, Wirsing in Streifen schneiden, waschen, abtropfen lassen.

2. Die Streifen in kochendem Salzwasser etwa 2 Minuten blanchieren, auf ein Sieb gießen und abtropfen lassen. Von den Frühlingszwiebeln Wurzeln und welke Blätter abschneiden, waschen und in Ringe schneiden.

3. Butter zerlassen, Frühlingszwiebelringe darin andünsten, den Wirsing dazugeben. Sahne mit Eiern verquirlen. Dill waschen, fein hacken und unterrühren. Eiersahne mit Salz und Pfeffer würzen.

4. Eine ovale, feuerfeste Form ausfetten, 4 Räucherlachsscheiben zuerst hineinschichten, dann abwechselnd Wirsing und Lachs (4 Schichten Lachs, 3 Schichten Wirsing) hineingeben. Die Eiersahne darübergießen und die Form auf dem Rost in den Backofen schieben.

Ober-/Unterhitze: etwa 180 °C (vorgeheizt)
Heißluft: etwa 160 °C (nicht vorgeheizt)
Gas: etwa Stufe 3 (vorgeheizt)
Garzeit: etwa 45 Minuten.

5. Etwa 10 Minuten vor Ende der Garzeit den Auflauf herausnehmen, dekorativ mit Cocktailtomaten und Spargelspitzen garnieren. Mit Gouda bestreuen. Auflauf fertiggaren.

Tip: Statt des Räucherlachses können Sie auch anderen gegarten Fisch verwenden.

Maritimer Spaghettiauflauf

- 250 g Spaghetti
- 1 l Salzwasser
- 200 g TK-Muscheln (ohne Schale)
- 200 g Lachsfilet
- 150 g grüner Spargel
- 1 Bund glatte Petersilie
- Olivenöl
- Salz
- frisch gemahlener Pfeffer
- 2–3 EL Zitronensaft
- 400 ml Schlagsahne
- 2 Eier
- 2 EL geriebener Parmesan
- 4 EL geriebenes Weißbrot
- 40 g Butterflöckchen

1. Spaghetti in Salzwasser gar kochen, auf ein Sieb geben und abtropfen lassen.

2. Muscheln auftauen lassen. Lachsfilet kalt abspülen, in Würfel schneiden. Spargel waschen, untere holzige Enden abschneiden, in Salzwasser etwa 4 Minuten kochen und auf ein Sieb geben.

3. Petersilie abspülen, trockentupfen, die Blättchen von den Stengeln zupfen und fein hacken.

4. Spaghetti, Lachswürfel, Muscheln, Spargel und Petersilie gut mischen, in eine mit Öl ausgepinselte Auflaufform füllen, mit Salz, Pfeffer und Zitronensaft würzen.

5. Sahne mit Eiern verquirlen, mit Salz und Pfeffer würzen und über den Auflauf gießen. Parmesan und Weißbrot vermischen, darüberstreuen, mit Butterflöckchen bestreuen und auf dem Rost in den Backofen schieben.

Ober-/Unterhitze: etwa 180 °C (vorgeheizt)
Heißluft: etwa 160 °C (nicht vorgeheizt)
Gas: etwa Stufe 3 (vorgeheizt)
Backzeit: etwa 30 Minuten.

Räucherfischauflauf

- 200 g Schillerlocken
- 200 g Räucheraal (Filet)
- 200 g geräucherter Steinbutt
- 1/2 rote Paprikaschote
- 1/2 grüne Paprikaschote
- 1 Zwiebel
- 2 EL Speiseöl
- frisch gemahlener Pfeffer
- Salz
- 200 g Brokkoli
- 1 Bund gehackter Dill
- 400 ml Schlagsahne
- 2 Eier
- 40 g Butterflöckchen
- 80 g geriebener, mittelalter Gouda

1. Fisch in mundgerechte Stücke schneiden. Paprika entkernen, die weißen Scheidewände entfernen, waschen und in Würfel schneiden. Zwiebel abziehen und fein würfeln.

2. Paprika- und Zwiebelwürfel in Öl leicht anbraten, mit Pfeffer und Salz würzen.

3. Brokkoli waschen, die Röschen abschneiden, in kochendem Salzwasser 4–5 Minuten blanchieren, auf ein Sieb geben und abtropfen lassen. Mit Fischstückchen, Paprika- und Zwiebelwürfeln und Dill mischen und in eine gebutterte Auflaufform füllen.

4. Sahne mit Pfeffer und Eiern verquirlen und über die Fisch-Gemüse-Füllung gießen. Butterflöckchen und Gouda darübergeben und auf dem Rost in den kalten Backofen schieben.

Ober-/Unterhitze: 180–200 °C
Heißluft: 160–180 °C
Gas: Stufe 3–4
Garzeit: 30–40 Minuten.

Thunfischauflauf

300 g Thunfisch (aus der Dose)	
2 TL Kapern, 1 TL Senf	
Salz	
1 TL Paprika edelsüß	
1/2 TL Oregano	
4 Eier	
125 ml (1/8 l) Schlagsahne	
250 g gekochte Spaghetti	
30 g Butterflöckchen	
40 g geriebener Käse	

1. Thunfisch abtropfen lassen, mit einer Gabel zerpflücken. Mit Kapern, Senf, Salz, Paprika und Oregano würzen und gut durchrühren. Eier und Sahne verquirlen.

2. Spaghetti mit der Thunfischmasse und der Eiersahne vermischen und in eine gefettete Auflaufform geben.

3. Butterflöckchen und Käse darauf verteilen. Form auf dem Rost in den Backofen schieben.

Ober-/Unterhitze:180–200 °C (vorgeheizt)
Heißluft: 160–180 °C (nicht vorgeheizt)
Gas: Stufe 3–4 (nicht vorgeheizt)
Garzeit: etwa 30 Minuten.

Fischauflauf

2 Kochbeutel (250 g) Spitzen-Langkornreis	
500 g Möhren	
2 mittelgroße (etwa 500 g) Fenchelknollen	
100 ml Salzwasser	
750 g Kabeljaufilet	
2 EL Zitronensaft	
Butter	
Salz	
frisch gemahlener Pfeffer	
125 ml (1/8 l) trockener Weißwein	
125 ml (1/8 l) Schlagsahne	
75 g geriebener Emmentaler	
30 g Butter	

1. Reis nach Anweisung auf der Packung in Salzwasser knapp gar kochen.

2. Möhren putzen, waschen, fein schälen. Von den Fenchelknollen das Grün abschneiden, beiseite legen, die Knollen putzen, waschen.

3. Das Gemüse in feine Stifte schneiden. Mit dem Wasser in einen Topf geben, abgedeckt 5 Minuten dünsten.

4. Kabeljau unter fließendem kaltem Wasser abspülen, trockentupfen, in Stücke schneiden, mit dem Zitronensaft beträufeln, mit Salz und Pfeffer bestreuen.

5. Eine Auflaufform buttern. Schichtweise Reis, Gemüse und Fischstücke hineingeben. Mit einer Schicht Reis abschließen.

6. Wein und Sahne verquirlen, mit Salz und Pfeffer würzen und über den Auflauf gießen, so daß der Reis bedeckt ist. Mit Käse und Butter bestreuen. Auflauf auf dem Rost in den kalten Backofen schieben.

Ober-/Unterhitze: etwa 200 °C
Heißluft: etwa 180 °C
Gas: Stufe 3–4
Backzeit: 25–30 Minuten.

Tip: Wenn Kinder mitessen, kann Weißwein auch durch Gemüsebrühe ersetzt werden.

Thunfischauflauf à la Cannes

500 ml (1/2 l) Salzwasser
1–2 EL Speiseöl
200 g Reis (parboiled)
2 Dosen Thunfisch naturell (à 150 g)
250 g Champignons
250 g Tomaten

Für die Mornay-Sauce:

20 g Butter
1 geh. EL Weizenmehl
250 ml (1/4 l) Fischfond
Salz
frisch gemahlener Pfeffer
50 g Butter
50 ml Schlagsahne
50 g geriebener Greyerzer oder Emmentaler
1–2 EL trockener Weißwein

1. Salzwasser mit Öl zum Kochen bringen, Reis hineingeben, zum Kochen bringen und bei geringer Hitze etwa 20 Minuten garen, danach auf ein Sieb geben.

2. Thunfisch auf ein Sieb geben, abtropfen lassen und zerpflücken. Champignons putzen, mit Küchenpapier abreiben, evtl. abspülen, trockentupfen und in dünne Scheiben schneiden. Tomaten waschen, abtrocknen, vierteln, entkernen, die Stengelansätze herausschneiden, die Tomate in kleine Würfel schneiden.

3. Reis in eine gefettete Auflaufform geben und restliche Zutaten gleichmäßig darauf verteilen.

4. Für die Mornay-Sauce Butter in einem Topf zerlassen, Mehl darüberstäuben und unter Rühren so lange darin erhitzen, bis es hellgelb ist.

5. Fischfond hinzugießen und mit einem Schneebesen gut durchschlagen, damit sich keine Klümpchen bilden. Sauce zum Kochen bringen, 2 Minuten bei geringer Hitze köcheln lassen und mit Salz und Pfeffer würzen.

6. Butter, Sahne, Käse und Wein mit einem Schneebesen unter die Sauce schlagen. Sauce über den Auflauf geben, auf dem Rost in den Backofen schieben.

Ober-/Unterhitze: etwa 200 °C (vorgeheizt)
Heißluft: etwa 180 °C (nicht vorgeheizt)
Gas: etwa Stufe 4 (vorgeheizt)
Garzeit: etwa 25 Minuten.

Beilage: Gemischter Salat.

Fischauflauf mit Tomaten und Käse

500 g Seelachsfilet
2 EL Zitronensaft
1 TL Worcestersauce
Salz
frisch gemahlener Pfeffer
4 mittelgroße Zwiebeln
250 g frische Champignons
250 g Zucchini
4 enthäutete Tomaten (etwa 250 g)
4 EL Speiseöl
125 ml (1/8 l) Tomatensaft
125 ml (1/8 l) Schlagsahne
2 EL Pernod (Anisschnaps)
2 Eier
gehackter Oregano
gehacktes Basilikum
125 g Mozzarella
2 EL gehackte Petersilie

1. Seelachsfilet unter fließendem kaltem Wasser abspülen, trockentupfen, in mundgerechte Stücke schneiden, mit Zitronensaft und Worcestersauce beträufeln und mit Salz und Pfeffer bestreuen.

2. Zwiebeln abziehen und in Scheiben schneiden. Champignons putzen, mit Küchenpapier abreiben und in Scheiben schneiden. Zucchini waschen, die Enden abschneiden, die Zucchini längs halbieren, in Scheiben schneiden.

3. Von den enthäuteten Tomaten die Stengelansätze herausschneiden und die Tomaten in Scheiben schneiden. Speiseöl erhitzen, die Zwiebel-, Zucchini- und Champignonscheiben darin andünsten, mit Salz und Pfeffer bestreuen und zusammen mit dem Fisch und den Tomatenscheiben in eine gefettete Auflaufform geben.

4. Tomatensaft mit Schlagsahne, Pernod und Eiern verrühren, mit Salz, Pfeffer, Oregano und Basilikum würzen und dann über die Zutaten gießen. Mozzarella in Scheiben schneiden und auf den Fischauflauf legen.

5. Den Auflauf auf dem Rost in den Backofen schieben.

Ober-/Unterhitze: 180–200 °C (vorgeheizt)
Heißluft: 160–180 °C (nicht vorgeheizt)
Gas: Stufe 3–4 (vorgeheizt)
Backzeit: etwa 30 Minuten.

6. Den garen Auflauf mit Petersilie bestreuen.

Aufläufe mit Gemüse

Pfannkuchenauflauf

Für die Füllung:

3 Zwiebeln

2–3 EL Butter oder Margarine

500 g Zucchini

340 g Gemüsemais

800 g Tomaten (aus der Dose)

2 TL Tomatenmark

2 EL Speisestärke

1 EL kaltes Wasser

Salz

Pfeffer

Für den Teig:

100 g Weizenmehl

250 ml (1/4 l) Milch

150 g gekochter Schinken

2 Eier

60 g Butter oder Margarine

2 Ecken Schmelzkäse

4 EL Wasser

1. Für die Füllung Zwiebeln abziehen und würfeln. Butter zerlassen und Zwiebelwürfel darin andünsten. Zucchini waschen, die Enden abschneiden, Zucchini in Scheiben schneiden, evtl. halbieren, zu den Zwiebeln geben und mitdünsten.

2. Mais abtropfen lassen und dazugeben. Tomaten mit der Flüssigkeit hinzufügen, Tomatenmark unterrühren und das Gemüse zum Kochen bringen. Speisestärke mit kaltem Wasser anrühren, das Gemüse damit binden, mit Salz und Pfeffer abschmecken.

3. Für den Teig Mehl mit Milch und Salz verrühren und etwa 15 Minuten quellen lassen.

4. Schinken in Streifen schneiden, mit Eiern unter den Teig rühren und gut verrühren.

5. Butter in einer Stielpfanne erhitzen, eine dünne Teiglage hineingeben, von beiden Seiten goldgelb backen und warm stellen. Aus dem restlichen Teig vier weitere Pfannkuchen backen.

6. Eine hohe, runde Auflaufform einfetten, einen Pfannkuchen hineingeben, einen Teil der Gemüsefüllung darauf verteilen und mit einem Pfannkuchen bedecken. Gemüse und Pfannkuchen weiter abwechselnd einschichten, die letzte Schicht sollte aus einem Pfannkuchen bestehen.

7. Schmelzkäse mit Wasser erhitzen, gut verrühren, bis der Käse geschmolzen ist, und über den Auflauf gießen. Die Form auf dem Rost in den Backofen schieben.

Ober-/Unterhitze: etwa 200 °C (vorgeheizt)
Heißluft: etwa 180 °C (nicht vorgeheizt)
Gas: etwa Stufe 4 (vorgeheizt)
Backzeit: etwa 20 Minuten.

Beigabe: Tomatensalat.

Reis-Tomaten-Auflauf

750 g Porree (Lauch)
50 g Butter
250 g Langkornreis
500 ml (1/2 l) Salzwasser
200 g Salami
250 g mittelalter Gouda
1 Bund glatte Petersilie
2 EL Semmelbrösel
1 kg Fleischtomaten

1. Porree putzen, waschen und in feine Streifen schneiden. In der Butter andünsten, dann den Reis hinzugeben. Kochendes Salzwasser angießen und den Reis etwa 15 Minuten ausquellen lassen.

2. Salami in feine Streifen schneiden, Käse reiben und Petersilie abspülen, trockentupfen und hacken.

3. Salami und 1/3 des Käses in den Reis rühren, Reis in eine gefettete Auflaufform füllen. Restlichen Käse mit Petersilie und Semmelbröseln mischen.

4. Tomaten abspülen, trockentupfen, Stengelansätze entfernen und Tomaten in dünne Scheiben schneiden.

5. Den Auflauf schuppenförmig mit Tomatenscheiben belegen, Käsemischung darüber verteilen und die Form auf dem Rost in den kalten Backofen schieben.

Ober-/Unterhitze: etwa 220 °C
Heißluft: etwa 180 °C
Gas: etwa Stufe 4
Backzeit: etwa 35 Minuten.

Sauerkrautauflauf mit Quark

250 g Magerquark
50 g Weizenmehl
100 g Crème fraîche
4 Eigelbe
100 g geriebener Emmentaler
4 Spritzer Sojasauce
2 Spritzer Angostura Bitter
2 cl Weinbrand
1 Stange Porree (Lauch)
200 g Kasseler (ohne Knochen)
2 EL Butter
500 g Sauerkraut
gerebelter Estragon
gerebelter Majoran
Salz, weißer Pfeffer
4 Eiweiße
2 EL Sonnenblumenkerne
Butter

1. Quark, Mehl, Crème fraîche, Eigelb, Käse, Sojasauce, Angostura und Weinbrand zu einem Teig verrühren.

2. Porree putzen, waschen, nur den weißen Teil verwenden und fein hacken. Kasseler abspülen, trockentupfen, in kleine Würfel schneiden. Butter zerlassen, Porree darin leicht andünsten und das Kasseler leicht anbräunen.

3. Zwei Drittel des Quarkteiges in eine gefettete Auflaufform geben und das Sauerkraut locker darauf verteilen. Mit Estragon, Majoran, Salz und Pfeffer würzen. Kasseler und Porree darübergeben.

4. Eiweiß steif schlagen, unter den restlichen Quarkteig ziehen, über den Auflauf füllen und mit Sonnenblumenkernen bestreuen. Die Form auf dem Rost in den Backofen schieben.

Ober-/Unterhitze: etwa 200 °C (vorgeheizt)
Heißfluft: etwa 180 °C (nicht vorgeheizt)
Gas: etwa Stufe 4 (vorgeheizt)
Garzeit: etwa 35 Minuten.

Bäckers Spinatauflauf (Foto)

1 Pck. (450 g) tiefgekühlter Blattspinat
3 Brötchen
375 ml (3/8 l) Milch
75 g durchwachsener Speck
1 Zwiebel
3 Eigelbe
Salz, Pfeffer
3 Eiweiße
geriebene Muskatnuß
Butter zum Ausfetten
3 EL geriebener Käse
40 g Butterflöckchen

1. Spinat bei Zimmertemperatur auftauen lassen. Brötchen in der Milch einweichen und gut ausdrücken. Speck in Würfel schneiden, auslassen. Die Zwiebel abziehen, würfeln, in dem Speck andünsten.

2. Spinat mit dem Eigelb zu der Speck-Brötchen-Masse geben, gut verrühren, würzen. Eiweiß steif schlagen, unterheben.

3. Die Masse in eine mit Butter gefettete Auflaufform füllen. Mit dem Käse bestreuen. Butter in Flöckchen darauf setzen.

4. Die Form auf dem Rost in den Backofen schieben.

Ober-/Unterhitze: etwa 200 °C (vorgeheizt)
Heißluft: etwa 180 °C (nicht vorgeheizt)
Gas: etwa Stufe 4 (vorgeheizt)
Backzeit: etwa 25–30 Minuten.

Spargelauflauf

2 altbackene Brötchen (Semmeln)
200 ml Milch
200 g gekochter Schinken
100 g Butter
4 Eigelbe
Salz, Pfeffer
4 Eiweiße
750 g gegarte, grüne und weiße Spargelstücke
20 g Semmelbrösel
30 g Butterflöckchen

1. Brötchen in Milch einweichen. Schinken in Streifen schneiden.

2. Butter geschmeidig rühren, nach und nach Eigelb unterrühren. Mit Brötchen und Schinkenstreifen vermengen, mit Salz und Pfeffer würzen. Eiweiß steif schlagen, mit den Spargelstücken unterheben.

3. Die Masse in eine gefettete Auflaufform schichten. Semmelbrösel darüberstreuen und mit Butterflöckchen belegen. Die Form auf dem Rost in den Backofen schieben.

Ober-/Unterhitze: etwa 200 °C (vorgeheizt)
Heißluft: etwa 180 °C (nicht vorgeheizt)
Gas: Stufe 3–4 (vorgeheizt)
Garzeit: etwa 30 Minuten.

Ungarischer Reisauflauf

1 kleine Zwiebel
1 EL Butter
200 g Langkornreis
1 1/2 TL Salz
400 ml kaltes Wasser
je 1 EL Paprika- und Tomatenmark
1 rote Paprikaschote
1 grüne Paprikaschote
150 g gekochter Schinken
300 g saure Sahne
1 TL Paprika edelsüß
2 TL Zitronensaft
1 Ei
2 EL geriebener Käse, z. B. Gouda

1. Zwiebel abziehen und fein würfeln. Butter zerlassen, Zwiebelwürfel und Reis hinzufügen und dünsten, bis die Zwiebel glasig ist.

2. Wasser und 1 Teelöffel Salz hinzufügen. Abgedeckt bei schwacher Hitze etwa 20 Minuten ausquellen lassen. Mit Paprika- und Tomatenmark vermischen.

3. Paprika halbieren, entstielen, entkernen, die weißen Scheidewände entfernen, Schoten waschen, in Streifen schneiden. Kurz in kochendem Wasser blanchieren, auf ein Sieb geben und abtropfen lassen.

4. Schinken in feine Streifen schneiden. Reis, Paprika- und Schinkenstreifen lagenweise in eine gefettete Auflaufform schichten.

5. Saure Sahne mit Paprika, Zitronensaft, Ei und restlichem Salz verquirlen, über den Auflauf geben. Käse darüberstreuen. Die Form auf dem Rost in den Backofen schieben.

Ober-/Unterhitze: etwa 200 °C (vorgeheizt)
Heißluft: etwa 180 °C (nicht vorgeheizt)
Gas: Stufe 4 (vorgeheizt)
Garzeit: etwa 35 Minuten. Evtl. den Auflauf 15 Minuten vor Beendigung der Garzeit abdecken.

Beilage: Endiviensalat.

Wirsingauflauf

300 g Roggenbrot	
1 Knoblauchzehe	
50 g Butter	
800 g Wirsing	
Salz	
200 g Frühstücksspeck (Bacon) in Scheiben	
250 g Zwiebeln	
150 g geriebener Käse, z. B. Emmentaler	
250 ml (1/4 l) Gemüsebrühe	

1. Brot in etwa 5 mm dünne Scheiben schneiden, hell toasten und abkühlen lassen. Knoblauch abziehen, fein hacken und mit Butter verkneten. Brotscheiben damit bestreichen.

2. Die groben äußeren Blätter des Wirsings entfernen, restliche Blätter abtrennen, dicke Blattrippen herausschneiden. Blätter waschen und in kochendem Salzwasser blanchieren. Blätter mit kaltem Wasser abschrecken und abtropfen lassen.

3. Sechs Scheiben Frühstücksspeck beiseite legen, restliche Scheiben würfeln. Zwiebeln abziehen, halbieren und in Scheiben schneiden. Speckwürfel in einer Pfanne auslassen, Zwiebeln hinzufügen und braun braten.

4. Einen Teil der Brotscheiben mit der gebutterten Seite nach unten in eine gefettete Auflaufform legen. Etwas von der Speck-Zwiebel-Mischung darübergeben, etwas Käse darüberstreuen und einen Teil der Wirsingblätter einschichten. So fortfahren, bis alle Zutaten in der Form sind. Den Auflauf mit möglichst derben Wirsingblättern abdecken.

5. Gemüsebrühe über den Auflauf gießen. Speckscheiben darauf legen. Die Auflaufform auf dem Rost in den Backofen schieben.

Ober-/Unterhitze: etwa 200 °C (vorgeheizt)
Heißluft: etwa 180 °C (nicht vorgeheizt)
Gas: etwa Stufe 4 (vorgeheizt)
Garzeit: etwa 35 Minuten.

Tip: Statt Emmentaler kann auch Greyerzer genommen werden.

Tomaten-Brokkoli-Auflauf

400 g Brokkoliröschen	
250 ml (1/4 l) Gemüsebrühe	
150 g gekochte, grüne Bandnudeln	
150 g gekochter Schinken	
4 enthäutete Tomaten	
Salz, Pfeffer	
250 ml (1/4 l) Schlagsahne	
2 Eier	
geriebene Muskatnuß	
75 g geriebener Emmentaler	

1. Brokkoliröschen waschen, in der kochenden Gemüsebrühe etwa 8 Minuten kochen, auf ein Sieb geben, mit den Bandnudeln mischen.

2. Schinken in Streifen schneiden, unterheben, alles in eine flache, gefettete Auflaufform geben.

3. Die Stengelansätze der Tomaten herausschneiden, Tomaten in Scheiben schneiden und darüber verteilen. Mit Salz und Pfeffer bestreuen.

4. Sahne mit Eiern verschlagen, mit Salz, Pfeffer und Muskat würzen, Käse unterheben. Die Masse in die Auflaufform geben. Die Form auf dem Rost in den Backofen schieben.

Ober-/Unterhitze: etwa 200 °C (vorgeheizt)
Heißluft: etwa 180 °C (nicht vorgeheizt)
Gas: etwa Stufe 4 (vorgeheizt)
Backzeit: etwa 30 Minuten.

Wirsingauflauf, Schweizer Art

40 g Speckstreifen	
40 g Butter	
40 g Zwiebelstreifen	
800 g Wirsing, in Streifen	
Salz, Pfeffer	
200 ml Gemüsefond	
200 ml Schlagsahne	
4 Eier	
200 g geriebener Emmentaler	
geriebene Muskatnuß	

1. Speckstreifen in Butter auslassen, Zwiebel- und Wirsingstreifen darin andünsten, salzen, pfeffern, mit Gemüsefond ablöschen und etwa 10 Minuten garen lassen.

2. Sahne mit Eiern und Emmentaler mischen, mit Salz, Pfeffer und Muskat würzen.

3. Die gedünsteten Wirsingstreifen in eine gebutterte Auflaufform füllen, mit dem Sahne-Eier-Gemisch übergießen und auf dem Rost in den Backofen schieben.

Ober-/Unterhitze: etwa 180 °C (vorgeheizt)
Heißluft: etwa 160 °C (nicht vorgeheizt)
Gas: etwa Stufe 3 (vorgeheizt)
Garzeit: etwa 45 Minuten.

Auberginen-Tomaten-Auflauf (Foto)

500 g Auberginen

3–4 EL Kikkoman Soja-Sauce

300 g Zwiebeln

500 g Tomaten

2 Scheiben Weizenmischbrot (je 60 g)

100 g Emmentaler in Scheiben

500 g saure Sahne (10% Fett)

je 2 EL Salbei und Thymian (gerebelt oder frisch gezupft)

1 EL Olivenöl für die Auflaufform

100 g geriebener Emmentaler

1. Die Auberginen putzen, waschen, den Stielansatz wegschneiden und in nicht zu dicke Scheiben schneiden. In eine Schüssel geben und in der Soja-Sauce etwa 20 Minuten marinieren lassen, zwischendurch wenden.

2. In der Zwischenzeit die Zwiebeln schälen und in dünne Ringe schneiden.

3. Die Tomaten waschen, Stengelansatz entfernen und in Scheiben schneiden. Das Weizenmischbrot toasten, mit den Käsescheiben belegen, dann in eine mit Olivenöl ausgestrichene Auflaufform legen.

4. Die marinierten Auberginenscheiben in eine Mischung aus saurer Sahne und Kräutern tauchen und abwechselnd mit den Zwiebelringen und den Tomaten in die Auflaufform schichten.

5. Obenauf den geriebenen Käse und die restliche saure Sahne geben. Zum Schluß die Soja-Saucen-Marinade über den ganzen Auflauf gießen. Zugedeckt auf dem Rost in den Backofen stellen.

Ober-/Unterhitze: 180–200 °C (vorgeheizt)
Heißluft: 160–180 °C (nicht vorgeheizt)
Gas: Stufe 3–4 (vorgeheizt)
Backzeit: etwa 50 Minuten.

6. Vor dem Servieren evtl. mit weiteren frischen, gehackten Kräutern bestreuen.

Grünkern-Grünkohl-Auflauf

- 1 Zwiebel
- 1 Knoblauchzehe
- 2 EL Speiseöl
- 450 g TK-Grünkohl
- 250 ml (1/4 l) Gemüsebrühe
- Salz, Pfeffer
- etwas geriebene Muskatnuß
- 1 Pck. Grünkernbratlinge
- 200 ml lauwarmes Wasser
- 2 EL Crème fraîche
- 1 Ei
- 150 g Gorgonzola
- 1 EL Sonnenblumenkerne
- Butter für die Form

1. Zwiebel und Knoblauch abziehen, würfeln und in Öl glasig braten, Grünkohl hinzugeben.

2. Mit Brühe angießen und mit Salz, Pfeffer und Muskat würzen, zugedeckt 15 Minuten dünsten lassen, dabei gelegentlich umrühren.

3. Grünkernbratlinge nach Packungsaufschrift anrühren, quellen lassen.

4. Die Masse unter den Grünkohl mischen und in die gefettete Auflaufform geben.

5. Crème fraîche mit dem Ei und zerbröckeltem Gorgonzola verrühren, mit Salz, Pfeffer und Muskat würzen, darübergießen.

6. Mit den Sonnenblumenkernen bestreuen und die Form auf dem Rost in den Backofen schieben.

Ober-/Unterhitze: etwa 200 °C (vorgeheizt)
Heißluft: etwa 180 °C (nicht vorgeheizt)
Gas: etwa Stufe 3 (vorgeheizt)
Backzeit: etwa 25 Minuten.

Auberginen-Zucchini-Auflauf

400 g Auberginen	
Salz	
2–3 TL Zitronensaft	
300 g Zucchini	
300 g Beefsteakhackfleisch	
20 g Butter	
250 g Tomaten	
1 Zwiebel	
1 Knoblauchzehe	
Salz	
Pfeffer	
2 Eier	
100 g Magerquark	
200 g Pikantje van Gouda	
2 Stiele glatte Petersilie	

1. Auberginen putzen, waschen, der Länge nach in Scheiben schneiden. Mit Salz und Zitronensaft mariniert 15 Minuten stehenlassen.

2. Gewaschene Zucchini ebenfalls längs in Scheiben schneiden, 2 Minuten in kochendem Wasser blanchieren, kalt abschrecken, abtropfen lassen.

3. Hackfleisch in zerlassener Butter anbraten, in eine gefettete flache Auflaufform geben.

4. Tomaten waschen, Stengelansatz entfernen. 200 g Tomaten, geschälte Zwiebel und Knoblauchzehe pürieren. Restliche Tomaten klein würfeln, beiseite stellen. Tomatenpüree mit Salz und Pfeffer würzen, auf dem Fleisch verteilen.

5. Eier trennen. Eischnee steif schlagen. Eigelb mit Quark verrühren, die Hälfte des geriebenen Käses und Eischnee daruntermischen.

6. Gemüsescheiben abwechselnd mit der Käsecreme in die Form füllen. Mit restlichem Käse bestreuen und auf dem Rost in den Backofen stellen.

Ober-/Unterhitze: 180–200 °C (vorgeheizt)
Heißluft: 160–180 °C (nicht vorgeheizt)
Gas: Stufe 3–4 (vorgeheizt)
Backzeit: etwa 30 Minuten.

7. Mit Tomatenwürfeln und gewaschenen, gezupften Petersilieblättchen garnieren.

Gemüse-Käse-Auflauf

6 Portionen

1 kg Kartoffeln
2 Zwiebeln
50 g durchwachsener Speck
500 g Porree (Lauch)
300 g Tomaten
8 EL Speiseöl
1 Prise Salz
frisch gemahlener Pfeffer
1/2 TL Thymian
250 g Champignons
Butter
250 ml (1/4 l) Schlagsahne
1 Ei
Oregano
150 g geriebener Gouda

1. Kartoffeln schälen, waschen und in dünne Scheiben schneiden. Zwiebeln abziehen und in Ringe schneiden. Speck in Würfel schneiden. Porree putzen, gründlich waschen, in Ringe schneiden (evtl. nochmals waschen). Tomaten waschen, abtrocknen, halbieren und in Scheiben schneiden.

2. 4 Eßlöffel Öl in einer Pfanne erhitzen. Kartoffeln, Zwiebeln und Speck darin etwa 20 Minuten braten lassen, mit Salz, Pfeffer und Thymian würzen und aus der Pfanne nehmen.

3. Das restliche Öl erhitzen. Champignons putzen, evtl. abspülen und mit dem kleingeschnittenen Gemüse etwa 10 Minuten in dem Öl dünsten lassen, mit Salz und Pfeffer würzen.

4. Eine feuerfeste Form mit Butter fetten, die Zutaten einschichten (obere Schicht soll aus Kartoffeln bestehen).

5. Sahne mit Ei, Salz und Oregano verrühren und über den Auflauf gießen. Gouda darüber verteilen. Die Form ohne Deckel in den Backofen stellen.

Ober-/Unterhitze: 200–220 °C (vorgeheizt)
Heißluft: 180–200 °C (nicht vorgeheizt)
Gas: Stufe 4–5 (vorgeheizt)
Garzeit: etwa 30 Minuten.

Kohlrabi-Möhren-Auflauf mit Putenfleisch

500 g Kohlrabi
250 g Möhren
30 g Butter
1 gewürfelte Zwiebel
500 g Putenfleisch
3 Eier
150 g Crème fraîche
Salz
Pfeffer
Muskat
200 g geriebener, mitteltalter Gouda (Pikantje)
1 EL Vollkorn-Semmelbrösel
2 Zweige glatte Petersilie

1. Kohlrabi schälen, in dünne Scheiben schneiden und mit einem Gebäckausstecher gezackte Taler ausstechen. Kohlrabireste fein hacken. Kohlrabischeiben in wenig Wasser 5 Minuten vorkochen, abgießen.

2. Möhren schälen, waschen, grob raffeln.

3. 20 g Butter in einer Pfanne erhitzen, Zwiebelwürfel darin glasig dünsten. Putenhackfleisch dazugeben, 5 Minuten durchbraten.

4. Eine Auflaufform mit restlicher Butter ausstreichen, feingehackte Kohlrabi und das Hackfleisch einfüllen.

5. Eigelb mit Crème fraîche verquirlen, salzen, pfeffern und mit Muskat würzen. Eiweiß zu Schnee schlagen, 100 g des geriebenen Käses daruntermischen. Die Hälfte der Masse in die Auflaufform füllen.

6. Eine Schicht Kohlrabischeiben und Möhrenraspel daraufgeben. Restliche Ei-Käse-Creme darauffüllen, restliches Gemüse dekorativ darauf verteilen.

7. Mit geriebenem Käse und Vollkorn-Semmelbröseln bestreuen und auf dem Rost in den Backofen schieben.

Ober-/Unterhitze: etwa 200 °C (vorgeheizt)
Heißluft: etwa 180 °C (nicht vorgeheizt)
Gas: Stufe 3–4 (vorgeheizt)
Backzeit: etwa 30 Minuten.

8. Vor dem Servieren mit gezupfter Petersilie bestreuen.

Gratins und Soufflés

Chinakohlgratin

750 g Chinakohl
250 g Creme-Champignons
Salz
frisch gemahlener Pfeffer
1 Becher (150 g) Crème fraîche
1 Becher (150 g) Joghurt
2 Eier
geriebene Muskatnuß
Currypulver
100 g geriebener, mittelalter Gouda

1. Chinakohl putzen, vierteln, waschen, in kochendes Salzwasser geben, etwa 6 Minuten kochen.

2. Abtropfen lassen und in eine gefettete Auflaufform legen.

3. Champignons putzen, mit Küchenpapier abreiben, evtl. abspülen, in Scheiben schneiden, auf den Kohl geben, mit Salz und Pfeffer bestreuen.

4. Crème fraîche mit Joghurt verrühren, Eier darunterschlagen, abschmecken und über die Champignonscheiben geben.

5. Mit Gouda bestreuen und die Form auf dem Rost in den Backofen schieben.

Ober-/Unterhitze: 200–220 °C (vorgeheizt)
Heißluft: 180–200 °C (nicht vorgeheizt)
Gas: Stufe 4–5 (vorgeheizt)
Backzeit: etwa 30 Minuten.

Grünes Quarkgratin (Foto)

800 g frischer Blattspinat
500 g Magerquark
3 Eier
1 Becher (150 g) Crème fraîche
Salz
weißer Pfeffer
1 Knoblauchzehe

1. Spinat verlesen, in etwas Salzwasser blanchieren und gut abtropfen lassen.

2. Quark mit Eiern, Crème fraîche, Salz und Pfeffer verrühren.

3. Knoblauch abziehen, zerdrücken und unter die Quarkmasse rühren. Eine Auflaufform einfetten, die Hälfte des Spinats, die Hälfte der Quarkmasse, wieder Spinat und wieder Quark in die Form schichten.

Ober-/Unterhitze: etwa 200 °C (vorgeheizt)
Heißluft: etwa 180 °C (nicht vorgeheizt)
Gas: etwa Stufe 4 (vorgeheizt)
Backzeit: etwa 30 Minuten.

Erbsensoufflé

50 g Butter
40 g Weizenmehl
500 ml (1/2 l) Milch
Salz, Pfeffer
geriebene Muskatnuß
2 Eigelbe
450 g TK-Erbsen
2 Eiweiße
Butter
Weizenmehl

1. Butter in einem Topf zerlassen. Mehl darüberstäuben, unter Rühren goldgelb andünsten.

2. Die Milch hinzugießen, mit einem Schneebesen gut durchschlagen, damit sich keine Klümpchen bilden. Die Sauce zum Kochen bringen, etwa 5 Minuten bei geringer Hitze köcheln lassen.

3. Mit Salz, Pfeffer und Muskat würzen. Eigelb verquirlen, die Sauce damit legieren (nicht mehr kochen lassen!).

4. Erbsen unaufgetaut in die heiße Sauce geben.

5. Eiweiß steif schlagen, unter die Erbsenmasse heben.

6. Eine Souffléform fetten, mit Mehl ausstreuen, die Masse hineinfüllen. Die Form auf dem Rost in den Backofen schieben.

Ober-/Unterhitze: etwa 200 °C (vorgeheizt)
Heißluft: etwa 160 °C (nicht vorgeheizt)
Gas: Stufe 3–4 (vorgeheizt)
Backzeit: etwa 20 Minuten.

7. Das Soufflé sofort servieren.

Kohlrabi-Kartoffel-Gratin

4 kleine Kohlrabi (etwa 500 g)
500 g Kartoffeln
4 Zwiebeln
150 g Salami
200 g geriebener Emmentaler
Salz
frisch gemahlener Pfeffer
250 ml (1/4 l) Milch
125 ml (1/8 l) Schlagsahne
2 Eier
Paprika edelsüß
2–3 EL Semmelbrösel
1–2 EL zerlassene Butter

1. Kohlrabiblätter entfernen, Kohlrabi schälen und waschen. Kartoffeln waschen, schälen und abspülen. Zwiebeln abziehen.

2. Kohlrabi, Kartoffeln, Zwiebeln und Salami in dünne Scheiben schneiden.

3. Zutaten abwechselnd in eine gefettete, flache Auflaufform schichten (die untere und obere Schicht sollten aus Kartoffelscheiben bestehen). Dabei Kohlrabi- und Karoffelschichten jeweils mit etwas Käse bestreuen, mit Salz und Pfeffer würzen.

4. Milch mit Sahne und Eiern verschlagen, mit Salz und Paprika würzen, anschließend über den Auflauf gießen.

5. Den restlichen Käse mit Semmelbröseln vermengen, über den Auflauf streuen, Butter darüberträufeln. Die Form auf dem Rost in den Backofen schieben.

Ober-/Unterhitze: etwa 200 °C (vorgeheizt)
Heißluft: etwa 180 °C (nicht vorgeheizt)
Gas: Stufe 3-4 (vorgeheizt)
Garzeit: etwa 40 Minuten.

6. Wenn der Auflauf zu dunkel wird, ihn nach etwa der Hälfte der Garzeit abdecken.

Kartoffel-Möhren-Gratin (Foto)

500 g Kartoffeln
500 g Möhren
250 ml (1/4 l) Milch
250 ml (1/4 l) Schlagsahne
Salz
frisch gemahlener Pfeffer
geriebene Muskatnuß
100 g abgezogene Mandeln
3–4 Zweige Majoran
40 g Butter

1. Kartoffeln waschen, schälen, abspülen. Möhren putzen, schälen und waschen. Kartoffeln und Möhren in etwa 4 mm dicke Scheiben hobeln.

2. Eine flache Auflaufform einfetten. Das Gemüse schuppenförmig einschichten, so daß sich ein Streifenmuster aus Kartoffel- und Möhrenscheiben ergibt.

3. Milch und Sahne verrühren und mit Salz, Pfeffer und Muskat kräftig abschmecken.

4. Mandeln im Mixer pürieren. Majoran abspülen, die Blättchen von den Stengeln zupfen und mit den Mandeln in die Flüssigkeit rühren und über das Gemüse gießen. Das Gemüse sollte gerade bedeckt sein. Butterflöckchen darauf verteilen.

5. Die Form in den Backofen schieben und das Gratin backen.

Ober-/Unterhitze: etwa 200 °C (vorgeheizt)
Heißluft: etwa 180 °C (nicht vorgeheizt)
Gas: Stufe 3–4 (vorgeheizt)
Backzeit: etwa 50 Minuten.

Tips: Das Gratin heiß als Beilage zu Fleisch, Fisch oder Eiern reichen.

Kartoffel-Apfel-Gratin

- 400 g festkochende Kartoffeln
- 1 EL Butter
- 1 EL Semmelbrösel
- 300 g säuerliche Äpfel, z.B. Boskop
- 200 g Tomaten
- 200 g Frischkäse mit Kräutern
- 75 ml Schlagsahne
- 1 Ei
- 4 EL Sonnenblumenkerne

1. Kartoffeln waschen, in Salzwasser zum Kochen bringen, gar kochen lassen und abgießen. Kartoffeln pellen, abkühlen lassen und in dünne Scheiben schneiden.

2. Eine Pie-Form mit Butter ausfetten und mit Semmelbröseln ausstreuen.

3. Äpfel schälen, vierteln und entkernen. Tomaten kurze Zeit in kochendes Wasser legen (nicht kochen lassen), in kaltem Wasser abschrecken, enthäuten und die Stengelansätze herausschneiden.

4. Kartoffel-, Apfel- und Tomatenscheiben dachziegelartig in die vorbereitete Form einschichten. Frischkäse mit Sahne und Ei vermengen und über das Gratin verteilen.

Ober-/Unterhitze: etwa 200 °C (vorgeheizt)
Heißluft: etwa 180 °C (nicht vorgeheizt)
Gas: Stufe 3–4 (vorgeheizt)
Garzeit: etwa 20 Minuten.

5. Etwa 5 Minuten vor Ende der Garzeit die Sonnenblumenkerne über das Gratin streuen.

Käsesoufflé (Foto)

- 3 Eiweiße
- 1 EL weiche Butter
- 3 EL Semmelbrösel
- 100 g Magerquark
- Salz
- geriebene Muskatnuß
- 125 g geriebener Emmentaler

1. Eiweiß steif schlagen. Butter mit Semmelbröseln und Quark verrühren, mit Salz, Muskat würzen, das steifgeschlagene Eiweiß darauf geben, Käse darüberstreuen, mit Eiweiß unter die Quarkcreme heben.

2. Feuerfeste Förmchen (4–6 Stück) mit Butter oder Margarine fetten, die Masse einfüllen, die Förmchen auf dem Rost in den Backofen stellen.

Ober-/Unterhitze: 200–220 °C (vorgeheizt)
Heißluft: 180–200 °C (nicht vorgeheizt)
Gas: Stufe 3–4 (vorgeheizt)
Backzeit: 12–15 Minuten.

3. Das Soufflé sofort servieren.

Möhren-Soufflé mit Petersilie

- 300 g Möhren
- 2 Eier
- 35 g Weizenmehl
- 70 ml Schlagsahne
- Salz, Pfeffer
- grob gemahlener Koriander
- 1 Bund glatte Petersilie

Tip: Zu Rinder- oder Schweinefilet, Rumpsteak, Hühnerbrustfilet oder Putenschnitzel reichen.

1. Möhren putzen, schälen, waschen und in Stücke schneiden. In wenig Salzwasser etwa 20 Minuten garen, abtropfen lassen, mit einem Pürierstab pürieren. Eier trennen. Das Möhrenpüree mit Eigelb, Mehl, Sahne und Gewürzen verrühren.

2. Petersilie abspülen, trockentupfen, die Blättchen von den Stengeln zupfen, fein hacken. Das steifgeschlagene Eiweiß mit der feingehackten Petersilie vorsichtig unterheben. Die Masse in vier gefettete, feuerfeste Förmchen füllen (bis kurz unter den Rand).

3. Die Förmchen in eine flache Auflaufform stellen, die Auflaufform zu 2/3 mit heißem Wasser füllen und in den Backofen schieben.

Ober-/Unterhitze: etwa 200 °C (vorgeheizt)
Heißluft: etwa 180 °C (nicht vorgeheizt)
Gas: Stufe 3–4 (vorgeheizt)
Backzeit: etwa 25 Minuten.

Vegetarische Aufläufe

Exotischer Kartoffelauflauf

1 kg Kartoffeln

1 Zitrone (unbehandelt)

2 Orangen (unbehandelt)

220 g Ananasstücke (aus der Dose)

175 g Mandarinen (aus der Dose)

Salz

5 EL Butter

1. Kartoffeln waschen, mit der Schale in Salzwasser in 20–25 Minuten gar kochen. Kartoffeln heiß pellen, in feine Streifen schneiden, erkalten lassen.

2. Von der Zitrone und den Orangen die Schale abreiben, über die Kartoffeln streuen, Zitrone und Orangen schälen, in Scheiben schneiden.

3. Ananas und Mandarinen abtropfen lassen, den Ananassaft zurücklassen.

4. Abwechselnd lagenweise Kartoffeln, Mandarinen, Zitronen-, Orangenscheiben, Ananasstücke in eine gut gefettete Auflaufform schichten. Die oberste Schicht soll aus Kartoffeln bestehen.

5. Ananassaft mit Salz und Butter unter ständigem Rühren zum Kochen bringen, über den Auflauf gießen, die Form auf dem Rost in den Backofen schieben.

Ober-/Unterhitze: etwa 200 °C (vorgeheizt)
Heißluft: etwa 180 °C (nicht vorgeheizt)
Gas: Stufe 3–4 (vorgeheizt)
Backzeit: etwa 30 Minuten.

Tips: Für den Auflauf sollte eine festkochende Kartoffelsorte, wie zum Beispiel Hansa, Sieglinde oder Nicola, verwandt werden.
Pellkartoffeln sind gar, wenn sich die Schale leicht abziehen läßt.

Gemüseauflauf mit Vollkornspaghetti

- **250 g Vollkornspaghetti**
- **300 g Möhren**
- **3 Stangen Porree (Lauch)**
- **150 g geriebener Gouda**
- **4 Eier**
- **125 ml (1/8 l) Milch**
- **Salz**
- **frisch gemahlener Pfeffer**
- **Muskatnuß**
- **1 EL Sesamsamen**

1. Spaghetti nach Packungsanweisung in Salzwasser garen.

2. Möhren schälen, waschen und im ganzen in wenig Salzwasser in etwa 10 Minuten halb gar kochen lassen, längs in Scheiben, dann in Streifen schneiden.

3. Porree putzen, waschen und auf die Länge der Möhren in lange dünne Streifen schneiden, in wenig Salzwasser in etwa 2 Minuten gar dünsten und abtropfen lassen.

4. Jeweils 3/4 der Spaghetti, der Möhren und des Porrees mit etwa 3/4 von dem Gouda vermengen, in eine gefettete, rechteckige Auflaufform (möglichst in der Länge der Spaghetti) füllen.

5. Restliches Gemüse und Spaghetti lagenweise, der Länge nach, als oberste Schicht darauf legen.

6. Eier mit Milch, Salz, Pfeffer und Muskat verschlagen, über den Auflauf gießen und mit dem restlichen Käse und Sesamsamen bestreuen. Die Form auf dem Rost in den Backofen schieben.

Ober-/Unterhitze: etwa 200 °C (vorgeheizt)
Heißluft: etwa 180 °C (nicht vorgeheizt)
Gas: etwa Stufe 4 (vorgeheizt)
Backzeit: 35–40 Minuten.

Italienischer Gemüseauflauf

2 gelbe Paprikaschoten
2 rote Paprikaschoten
4 mittelgroße Zucchini
1 Knoblauchzehe
1 Bund Basilikum
200 g Mozzarella
50 g schwarze Oliven
Salz
frisch gemahlener Pfeffer
6 EL Sojaöl

1. Paprikaschoten halbieren, putzen, waschen und auf dem Blech im Backofen bei 250 °C (Heißluft: 220 °C; Gas: Stufe 5) so lange rösten, bis die Haut Blasen wirft. Mit einem feuchten Küchentuch kurz abdecken. Die Haut abziehen und die Paprikaschoten in grobe Streifen schneiden.

2. Zucchini putzen, waschen und in Scheiben schneiden. Knoblauchzehe abziehen und fein würfeln. Basilikum abspülen, trockentupfen und hacken. Mozzarella in Scheiben schneiden.

3. Eine feuerfeste Form leicht einfetten, Paprikastreifen, Mozzarella- und Zucchinischeiben sowie schwarze Oliven hineingeben. Alles mit Salz und Pfeffer würzen. Sojaöl mit Knoblauch und Basilikum verrühren und über das Gemüse verteilen. Den Auflauf in den Backofen schieben.

Ober-/Unterhitze: etwa 200 °C (vorgeheizt)
Heißluft: etwa 180 °C (nicht vorgeheizt)
Gas: etwa Stufe 3 (nicht vorgeheizt)
Backzeit: 25–30 Minuten.

Tip: Dazu passen Stangenweißbrot und Chianti.

Kohlrabi-Möhren-Auflauf

500 g Möhren
500 g Kohlrabi
30 g Butter
2 EL Sojasauce
Salz, Pfeffer
1 Stange Porree (Lauch)
1 Knoblauchzehe
2 EL Speiseöl
250 g Magerquark
200 g Schmant
2 Eier
125 ml (1/8 l) Schlagsahne
3 EL gehackte Petersilie
10 EL Sesamsamen
1/2 TL Kräutersalz
40 g geriebener Gouda
30 g Butterflöckchen

1. Möhren und Kohlrabi putzen, waschen, schälen und in dünne Scheiben schneiden, in zerlassener Butter unter Rühren 10 Minuten dünsten, mit Sojasauce, Salz und Pfeffer würzen.

2. Porree putzen, in dünne Ringe schneiden und gründlich waschen. Knoblauch abziehen, fein würfeln und beides in dem erhitzten Öl andünsten.

3. Quark, Schmant, Eier und Sahne verrühren, Petersilie, 6 Eßlöffel Sesam und Kräutersalz unterrühren, mit Pfeffer würzen. Porree-Knoblauch-Mischung unterrühren.

4. Die Hälfte der Möhren- und Kohlrabischeiben in eine gefettete Auflaufform geben, die Hälfte der Quarkcreme darauf geben. Mit der zweiten Hälfte genauso verfahren. Auflauf mit Käse bestreuen, Butterflöckchen darauf verteilen, mit dem restlichen Sesam bestreuen und auf dem Rost in den Backofen schieben.

Ober-/Unterhitze: 170–200 °C (vorgeheizt)
Heißluft: 160–180 °C (nicht vorgeheizt)
Gas: etwa Stufe 3 (vorgeheizt)
Garzeit: etwa 35 Minuten.

Rhabarberauflauf

- 1 kg Rhabarber
- 125 g Zucker
- abgeriebene Schale von 1 Zitrone (unbehandelt)
- 3 EL Butter
- 200 g zerbröckelter Zwieback
- 3 gut geh. EL Zucker
- 2 Pck. Vanillin-Zucker
- 2 Eiweiße
- 2 gut geh. EL Zucker

1. Rhabarber putzen (nicht abziehen), waschen, in etwa 2 cm lange Stücke schneiden und mit Zucker bestreuen. Sobald der Rhabarber Saft gezogen hat, Zitronenschale hinzufügen. Rhabarber in 5–10 Minuten weich dünsten lassen.

2. Butter zerlassen und Zwieback darin anbräunen. Zucker mit Vanillin-Zucker mischen, hinzufügen und unter Rühren mitbräunen lassen. Zwieback und Rhabarberkompott lagenweise in eine gefettete, flache Auflaufform schichten.

3. Eiweiß steif schlagen, mit Zucker süßen und gleichmäßig auf den Rhabarberauflauf streichen. Die Auflaufform auf dem Rost in den Backofen schieben und den Auflauf goldgelb backen lassen.

Ober-/Unterhitze: etwa 250 °C (vorgeheizt)
Heißluft: etwa 230 °C (nicht vorgeheizt)
Gas: etwa Stufe 6 (vorgeheizt)
Backzeit: 3–5 Minuten.

Sauerkirsch-Quark-Auflauf

- 3 Eier
- 125 g Zucker
- 75 g Weizengrieß
- 2 EL Zitronensaft
- 500 g Magerquark
- 460 g entsteinte, gedünstete Sauerkirschen (aus dem Glas)

1. Eier trennen und Eigelb mit Zucker cremig schlagen. Mit Grieß, Zitronensaft und Quark verrühren.

2. Eiweiß steif schlagen und vorsichtig unter die Quarkmasse heben. Sauerkirschen gut abtropfen lassen, unter die Masse rühren und in eine gefettete Auflaufform füllen.

3. Form auf dem Rost in den Backofen schieben.

Ober-/Unterhitze: etwa 200 °C (vorgeheizt)
Heißluft: etwa 180 °C (nicht vorgeheizt)
Gas: etwa Stufe 4 (vorgeheizt)
Backzeit: etwa 35 Minuten.

Pfirsich-Kirsch-Gratin

- **500 g Schattenmorellen**
- **50 g Zucker**
- **100 g abgezogene, gemahlene Mandeln**
- **3 Pfirsiche**
- **3 Eiweiße**
- **100 g Zucker**

Tip: Das Gratin wird besonders gut, wenn es im Grill (Stufe 8) etwa 5 Minuten überbacken wird.

1. Schattenmorellen waschen, in einen Topf geben, langsam erhitzen, etwa 10 Minuten kochen lassen. Durch ein grobes Sieb geben, so daß die Kerne zurückbleiben. Kirschmus mit Zucker und 50 g Mandeln vermengen und in eine flache Auflaufform geben.

2. Pfirsiche kurze Zeit in kochendes Wasser legen (nicht kochen lassen), in kaltem Wasser abschrecken, enthäuten, halbieren, entsteinen, in Spalten schneiden und auf das Kirschmus legen.

3. Eiweiß mit Zucker steif schlagen, die restlichen Mandeln unterziehen und auf die Pfirsiche geben.

4. Die Form auf dem Rost auf die oberste Schiene des Backofens schieben.

Ober-/Unterhitze: etwa 250 °C (vorgeheizt)
Heißluft: etwa 220 °C (nicht vorgeheizt)
Gas: Stufe 5–6 (vorgeheizt)
Backzeit: etwa 10 Minuten.

Quark-Ofenschlupfer

- **4 altbackene Brötchen**
- **50 g Rosinen**
- **250 g Speisequark (20 % F.)**
- **2 Eier**
- **375 ml (3/8 l) Buttermilch**
- **3 EL Zucker, 1 EL Butter**

1. Brötchen in Scheiben schneiden. Abwechselnd mit Rosinen und Quark in eine gefettete Auflaufform schichten (erste und letzte Schicht sollte aus Brötchenscheiben bestehen).

2. Eier mit Buttermilch und Zucker verschlagen und darübergießen. Butter in Flöckchen darauf setzen. Form auf dem Rost in den Backofen schieben.

Ober-/Unterhitze: etwa 200 °C (vorgeheizt)
Heißluft: etwa 180 °C (nicht vorgeheizt)
Gas: etwa Stufe 4 (vorgeheizt)
Backzeit: etwa 45 Minuten.

Krokant-Reis-Auflauf

150 g Puderzucker
70 g Butter
150 g abgezogene, blättrige Mandeln
100 g Rundkornreis
750 ml (3/4 l) Milch
1/2 TL Safran
1 Prise Salz
2 EL Honig
3EL Amaretto
4 Eigelbe
4 Eiweiße
Puderzucker

1. Etwa 50 g Puderzucker in einer heißen Pfanne unter Rühren auflösen, nach und nach den übrigen Zucker dazugeben,
etwa 1 Minute erhitzen, bis er hellbraun karamelisiert ist.

2. Kurz ins kalte Wasserbad stellen.
1 Eßlöffel Butter unterrühren, über die Mandeln gießen, in einer flachen Schale abkühlen lassen.

3. Reis kurz mit kochendem Wasser überbrühen. Milch mit Safran, Salz und Honig aufkochen. Reis hinzugeben, etwa 30 Minuten bei kleiner Hitze ausquellen lassen. Restliche Butter und Amaretto unterziehen und etwas abkühlen lassen.

4. Eigelb unterrühren. Die Mandelmasse zerbröseln, unterziehen.

5. Eiweiß steif schlagen und unterheben, in eine gefettete Auflaufform geben, im Backofen backen.

Ober-/Unterhitze: etwa 220 °C (vorgeheizt)
Heißluft: etwa 200 °C (nicht vorgeheizt)
Gas: Stufe 4–5 (vorgeheizt)
Backzeit: etwa 35 Minuten.

6. Den heißen Auflauf mit Puderzucker bestäuben.

Verzeichnis der Rezepte nach Kapiteln

Verzeichnis der Rezepte in alphabetischer Ordnung